Auf ins Abenteuer!

Prof. Dr. Dietrich Grönemeyer

Tatort Burger-Bude

mit Illustrationen von
Sabine Rothmund

TESSLOFF

1. Auflage 2022
© 2022 TESSLOFF VERLAG
Burgschmietstraße 2-4, 90419 Nürnberg
Alle Rechte vorbehalten
Idee/Text: Prof. Dr. Dietrich Grönemeyer
unter Mitarbeit von: Dr. Bernd Flessner
Illustrationen: Sabine Rothmund
Grafische Gestaltung, Layout: Marie Gerstner
Lektorat: Anja Starigk

www.tessloff.com

ISBN: 978-3-7886-4415-4

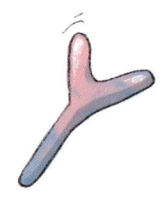
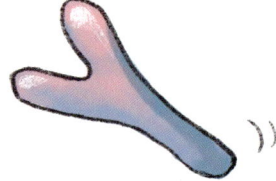

Besuch uns auch
online unter
der-kleine-medicus.de

FSC
www.fsc.org
MIX
Papier aus ver-
antwortungsvollen
Quellen
FSC® C002795

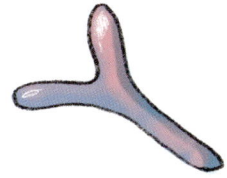

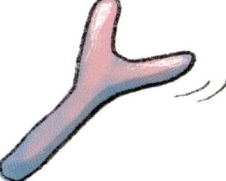

Inhalt

Was bisher geschah

Geschafft! Nano und Marie konnten ihren Opa tatsächlich retten. Und auch den widerspenstigen Nanobot haben sie nach einer turbulenten Verfolgungsjagd durch Opas Körper schließlich doch noch eingefangen. Ein Grund zum Feiern! Bei der großen Siegesfeier im Garten der Villa Nachtigall hätte die Stimmung nicht besser sein können. Nur … was war denn plötzlich mit Lilly los? Gerade hatte sie sich noch Leckereien vom Buffet geholt – und jetzt waren da seltsame Quaddeln an ihren Armen, ihre Zunge wurde pelzig und sie bekam kaum noch Luft!

Nano spielt gerne Fußball und möchte später einmal Arzt werden. Seit er Dr. X und Micro Minitec kennengelernt hat, schlittert er von einem Abenteuer ins nächste.

Marie ist Nanos kleine Schwester. Sie kann sehr gut singen und hat ein fotografisches Gedächtnis. Manchmal nervt sie Nano ein bisschen. Manchmal aber auch nicht.

Dr. X ist Arzt – und Erfinder. Er kennt sich bestens mit Röntgenstrahlen und Holografien aus und hat den Kopf immer randvoll mit neuen Ideen.

Micro Minitec ist seine pfiffige Assistentin. Sie hat genauso geniale Ideen wie Dr. X. Ihre allergenialste Erfindung ist der Turbobeamer: eine Schrumpfmaschine!

Kann Dr. X Lilly retten?

Nano, Dr. X und Micro Minitec brachten Lilly in den Behandlungsraum der Villa Nachtigall. Sie hatte bei der Gartenfeier Sojawurst gegessen und plötzlich über Beschwerden geklagt. Ihre Haut juckte und die Zunge war pelzig geworden.

Aufgeregt lief Marie im Garten von Partygast zu Partygast und verkündete die vorläufige Diagnose von Dr. X: „Lilly ist allergisch! Lilly ist allergisch! Hoffentlich kann Dr. X ihr helfen!"

Im Behandlungsraum hatte sich Lilly inzwischen schon auf einen Stuhl gesetzt und wurde von Dr. X untersucht. Auf ihren Armen und im Gesicht war ein roter Ausschlag zu erkennen.

„Es juckt", klagte sie.

„Wir brauchen sofort ein Gegenmittel und dann eine Blutprobe", sagte Dr. X zu Micro Minitec, die schnell eine geeignete Spritze besorgte. Lilly verzog ihre Miene nur ganz wenig, als sie die feine Nadel im Arm spürte.

„So, mit der Spritze hast du nun ein Antihistaminikum bekommen", stellte Dr. X fest. „Es wirkt sehr schnell.

Bald wird es dir schon sehr viel besser gehen."

„Was ist denn so ein Antiminiminikum? Oder wie heißt
das noch mal?", fragte Lilly. „Ein Medikament gegen
Allergien?"

„Fast", erklärte Dr. X und konnte sich ein kleines
Lächeln nicht verkneifen. „Die Allergie bleibt zwar, aber
das Medikament verhindert die Symptome der Allergie,
also die Schwellungen und das Jucken."

„Das klingt schon mal gut", stellte Nano fest. „Und wie
funktioniert das genau?"

„Nun, das hat mit dem Histamin zu tun. Histamin ist ein Botenstoff. Er alarmiert und aktiviert die Abwehr im Körper, um den Stoff zu bekämpfen, den er als fremd erkannt hat. Das führt dann zu dem Jucken und Anschwellen. Es ist ein bisschen so wie bei einem Mückenstich, der ja auch anschwillt und juckt. Der Körper kämpft damit gegen den fremden Stoff an. Und diese Wirkung von Histamin kann das Antihistaminikum verhindern. Es legt das Histamin sozusagen lahm."

„Es gibt also Botenstoffe, die Nachrichten übermitteln?", fragte Nano, während Dr. X das Medikament in ein Schränkchen zurückstellte.

„Ja, davon gibt es eine ganze Menge im Körper, nicht nur Histamin", erklärte Dr. X.

„Dann übertragen also nicht nur Nerven Informationen im Körper", staunte Nano.

„Genau, das können auch verschiedene Botenstoffe, wie zum Beispiel Histamin", fuhr Dr. X fort. „Histamin ist ein Teil des Immunsystems. Und eine Allergie ist ein Irrtum des Immunsystems, das völlig harmlose Stoffe plötzlich für gefährlich hält und bekämpft."

„Und dann kommt das Jucken?", fragte Nano weiter.

„Ja, dann reagiert der Körper", antwortete Dr. X.

„Manchmal nur lokal an einer Stelle, manchmal aber auch am ganzen Körper, wie bei Lilly. Zum Beispiel mit Jucken oder Nesselbildung. Eine Allergie kann auch zu Luftnot führen, weil die Schleimhäute anschwellen. Auch das ist bei Lilly passiert."

„Soja!", platzte es aus Nano heraus. „Das Immunsystem hält Soja für gefährlich!"

„Offensichtlich", nickte Dr. X. „Lillys Immunsystem glaubt, Soja sei eine Gefahr."

„Verstehe", sagte Nano, obwohl er nicht ganz sicher war. „Wenn dieses Antihistaminikum jetzt dafür sorgt, dass das Histamin nicht mehr richtig arbeiten kann, dann geht der Juckreiz zurück."

„So könnte man es beschreiben", bestätigte Dr. X. „Das Medikament verliert natürlich irgendwann seine Wirkung. Beim nächsten Mal, wenn Lilly ein Sojaprodukt isst, kann es daher wieder zu einer allergischen Reaktion kommen."

„Bist du denn ganz sicher, dass Soja der Auslöser ist?", fragte Nano weiter.

„Das werden wir bald wissen", sagte Dr. X. „Denn Micro hat gerade schon einen Blutstropfen ins Labor gegeben."

„Das soll ein Labor sein?", wunderte sich Nano, als Micro Minitec mit einer kleinen Karte zurückkam.

Auf der Plastikkarte von der Größe einer Kreditkarte waren sonderbare Aufbauten und Kanäle zu erkennen. „Nein, das ist kein Labor", sagte Lilly. „Ein Labor ist ein großer Raum mit vielen Mitarbeitern in weißen Kitteln, die vor Reagenzgläsern und Mikroskopen sitzen und Analysen durchführen."

„Ja, so stellt man sich ein Labor vor", grinste Micro Minitec. „Viel Platz, viele Geräte, viele Leute. Aber auch dieses Ding hier ist ein Labor."

„Du hast ein ganzes Labor geschrumpft? Auch die Mitarbeiter?", rief Nano überrascht. „Ich dachte, du kannst keine Erwachsenen schrumpfen?"

„Das kann ich auch nicht", antwortete Micro Minitec.
„Dieses Labor hier ist nicht geschrumpft. Es ist ein
Lab-on-a-Chip. Ein Minilabor. Alles, was in einem
Labor gemacht wird, kann dieses Minilabor auch."
Nano riss die Augen auf und betrachtete das winzige
Labor nun ganz genau.
„Lass mich auch mal!", drängelte Lilly.
„Ah, dir geht es besser", sagte Dr. X erleichtert. „Das
Antihistaminikum hat gewirkt. Das freut mich. Und
das Labor wird uns gleich verraten, ob tatsächlich die
Sojaprodukte schuld waren."
„Kann ich mir das ansehen?", fragte Nano.
„Aber du siehst es dir doch gerade an", hielt ihm Lilly
entgegen. „Deine Nase klebt ja gleich an dem Ding fest."
„Kann man da nicht näher ran?", fragte Nano. „Ich sehe
ja kaum etwas."
„Ich ahne, worauf du hinauswillst", grinste Micro
Minitec. „Du willst dabei sein, wenn das Labor
arbeitet."
„Wäre das denn möglich?", fragte Nano.
„Na klar, warum nicht?", antwortete die Forscherin.
„Wow, das ist ja klasse!", freute sich Nano.
„Dieses Labor kommt dafür allerdings nicht in Frage",
erklärte Micro Minitec. „Es arbeitet schon und hat

bald das Ergebnis. Aber wir haben noch genug davon. Ich schrumpfe dich und gebe dann einen zweiten von Lillys Blutstropfen in die Eingabe. Und du kannst dann verfolgen, was passiert. Natürlich hat das noch nie jemand vor dir probiert, aber wenn du auf die Filter aufpasst, sollte es schon klappen. Los, zieh dir den Schutzanzug an!"

„Kann ich mit?", fragte Lilly. „Es ist schließlich auch mein Blut."

Dr. X und Micro Minitec tauschten Blicke aus.

„Juckt deine Haut noch?", fragte Dr. X und sah sich ihre Arme an. „Ist deine Zunge noch geschwollen? Kannst du gut atmen?"

„Ist alles wieder in Butter", antwortete Lilly. „Mir geht es bestens."

„Das wollte ich hören", sagte Oma Rosi, die plötzlich in den Behandlungsraum kam. „Ich wollte nur mal schnell sehen, wie es der jungen Patientin geht."

„Sie können unbesorgt sein", erklärte Dr. X. „Das Antihistaminikum hat sofort gewirkt. Aber wir brauchen hier trotzdem noch eine Weile."

„Lassen Sie sich ruhig Zeit", nickte Oma Rosi. „Ich gehe zurück in den Garten und gebe den anderen Gästen Bescheid, dass alles wieder in Ordnung ist."

Nachdem Nanos Oma den Raum verlassen hatte, sagte Dr. X zu Lilly: „Also gut, von mir aus kannst du mitkommen. Es wird ohnehin nur eine kurze Reise. Aber dennoch bestimmt eine spannende Erfahrung, vor allem für Nano. Denn er ist ja auf dem Weg, ein guter Arzt zu werden."

„Los!", rief Nano, nahm Lilly an die Hand und zog sie mit sich. „Ich zeige dir alles."

„Jetzt habt ihr es aber eilig!", bemerkte Micro Minitec kopfschüttelnd.

„Lass sie doch", meinte Dr. X. „Sie sind neugierig. Das ist eine gute Eigenschaft."

„Ja, das stimmt natürlich. Na schön, dann bereite ich mal schnell noch den Turbobeamer und das Miniboot vor", sagte Micro Minitec, überreichte Dr. X das Minilabor und folgte Nano und Lilly mit schnellen Schritten zum Turbobeamer.

„Na dann, ihr zwei, ab in den Riesenhamburger", sagte sie, als sie im Labor ankam. „Nano kennt sich ja bestens aus. Ich gehe schon mal in mein Büro. Das dient als Kontrollraum."

Nano und Lilly stiegen die kleine Treppe hinauf und begaben sich in die Mitte der riesigen Maschine. Dort wartete schon das Miniboot auf sie, das Micro Minitec bereits verkleinert hatte. Denn die Forscherin hielt es für besser, Menschen und Maschinen getrennt zu schrumpfen.

„Sieht ja wirklich aus wie ein Hamburger", meinte Lilly. „Und dieser Turbobeamer kann uns tatsächlich verkleinern?"

„Warte es ab", antwortete Nano. „Es geht gleich los. Nicht erschrecken, es wird laut."

Kaum hatte Nano den Satz beendet, begann der Turbobeamer, merkwürdige Geräusche von sich zu geben. Lilly sah mit ängstlichem Gesicht an die Decke.

„Hab keine Angst", beruhigte Nano sie. „Es ist gigantisch cool. Glaub mir."

Auf das Geräusch folgte das Kribbeln, das sie am ganzen Körper spürten. Es kitzelte so sehr, dass sie beide lachen mussten. Wie aus heiterem Himmel zuckte ein grünblauer Lichtstrahl aus der oberen Brötchenhälfte und sauste über sie hinweg. Dann begann der Sturz ins Bodenlose. Die Decke des großen Laborraums schoss nach oben, die Wände verschwanden im Unendlichen.

Dann wurde es plötzlich still. Neben ihnen stand das Miniboot. Die restliche Welt war verschwunden. Der Boden schien bis zum Horizont zu reichen.

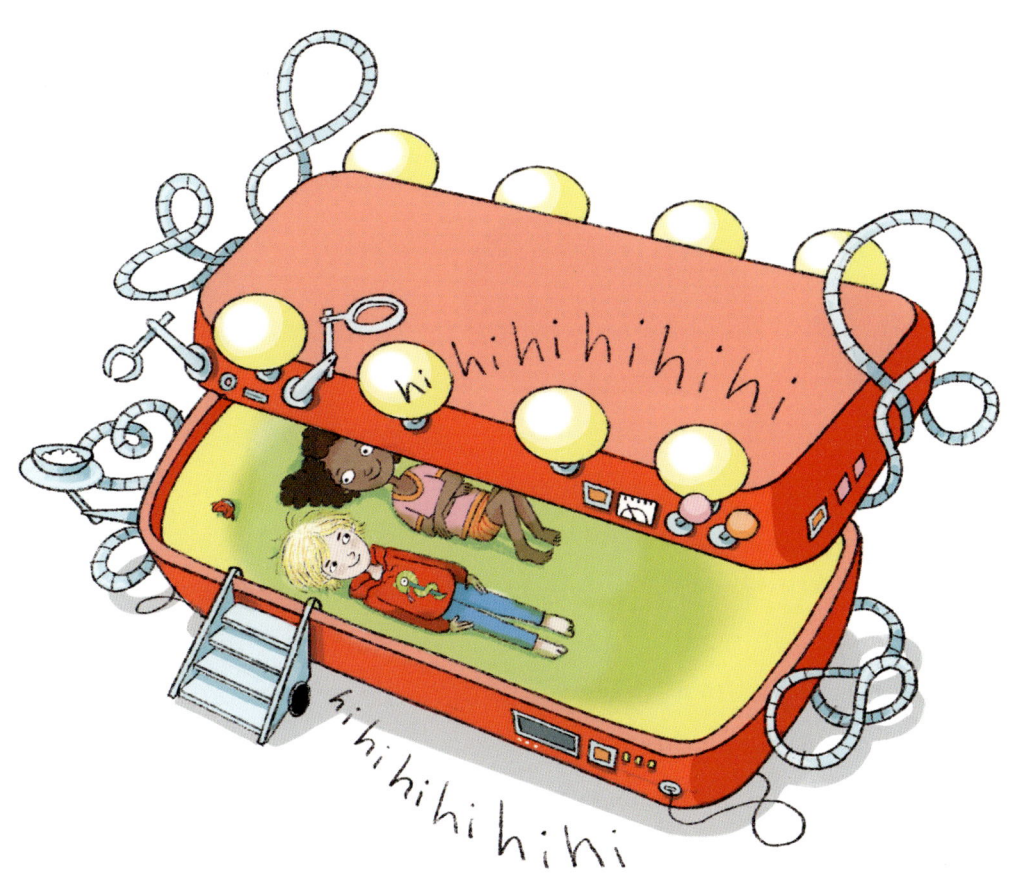

„Willkommen an Bord", gab Nano ein wenig an
und stieg ein.
Sie setzten sich in die Sitze und schnallten sich an.
Nano prüfte die grünen Signallichter auf dem großen
Display vor ihnen.
„Wir sind startklar", sagte er.

Die Reise durch das Minilabor

„Dann kann es losgehen", antwortete Micro Minitec
über Funk. „Vorsicht, es wird feucht!"
Gleich darauf klatschte der dickste Wassertropfen
aller Zeiten auf das Miniboot, das noch immer im
Turbobeamer lag. Es begann zu schaukeln. Auf dem
Display konnten sie sehen, wie Micro Minitec den
Wassertropfen mit einer Kanüle aufsog. Sie trug die
Spritze in ihr Büro und spülte den Inhalt vorsichtig
in eine Öffnung des Minilabors.
„Lillys Blut ist schon unterwegs", sagte Micro Minitec.
„Einen Moment, bitte!"
„Wie wird das Blut denn eigentlich durch die Röhren
befördert?", fragte Nano. „Im Minilabor gibt
es ja gar kein Herz als Pumpe."

„Dafür sorgt der Kapillareffekt", erklärte Micro Minitec. „In engen Röhren steigen Flüssigkeiten von selbst auf. Wie das Wasser in Baumstämmen. Dafür ist die Oberflächenspannung der Flüssigkeit verantwortlich."
„Die kennt sich aber aus", staunte Lilly und tastete prüfend ihren Körper ab. „Hat scheinbar gut geklappt mit dem Schrumpfen. Fühlt sich alles ganz normal an."
Nano griff zum Joystick. Das Miniboot setzte sich in Bewegung. Diesmal fuhr es nicht in einer Ader, sondern in einer Röhre aus Kunststoff.
„So sieht mein Blut also von innen aus", stellte Lilly fest und bestaunte die roten Blutkörperchen, zwischen denen das Miniboot schwamm.
„Aber was ist das?", fragte Lilly und deutete auf ein spitzes Hindernis, das vor ihnen auftauchte.

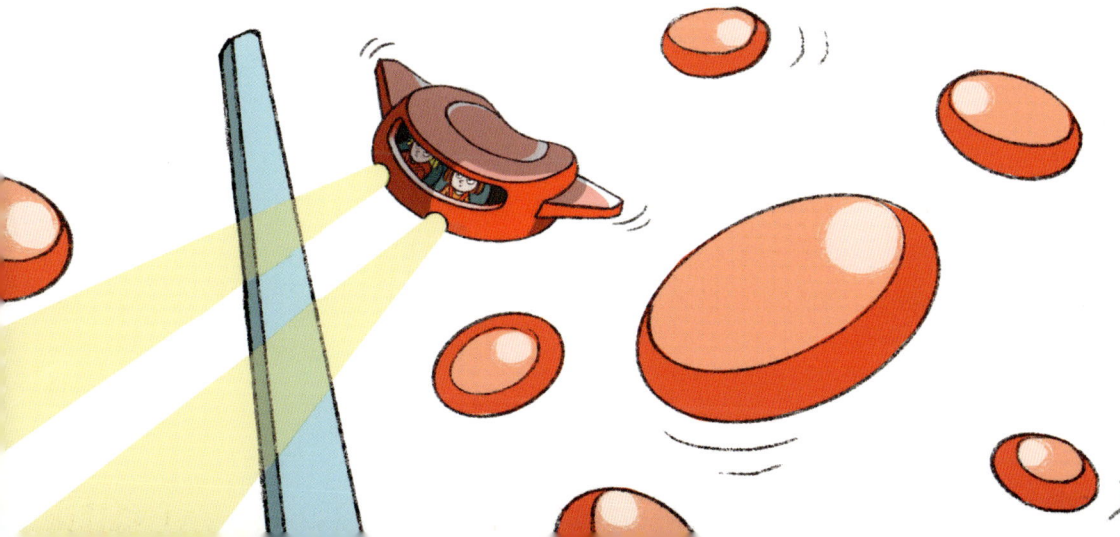

„Keine Ahnung", antwortete Nano und manövrierte das Miniboot um das Hindernis herum.

„Das war ein Sensor", erklärte Micro Minitec. „Er misst den Blutzucker. Tut mir leid, ich hatte vergessen, euch zu warnen. Passt auf, gleich kommt ihr an eine Kreuzung. Rechts wird nach Antikörpern gesucht."

Nano bewegte den Joystick nach rechts und fragte: „Welche Aufgabe haben diese Antikörper?"

„Sie sind Teil des Immunsystems", erläuterte Micro Minitec. „Sie sind als Antwort auf Fremdkörper wie Viren und Bakterien gedacht, in unserem Fall etwa auf Birkenpollen, Sojaspuren oder bestimmte Inhaltsstoffe von Nüssen. Die Antikörper erkennen die Keime sowie auch diese Stoffe und machen sie unschädlich."

„Aber die sind ja gar nicht schädlich", warf Nano ein.

„Stimmt. Genau das ist das Problem bei einer Allergie", sagte Micro Minitec. „Das Immunsystem glaubt nur, Pollen, Soja oder Nüsse seien schädlich. Wenn das Labor jetzt viele Antikörper findet, die Bestandteile von Soja unschädlich machen sollen, dann wissen wir, worauf Lilly allergisch ist."

„Verstehe", nickte Nano, während Lilly ihre Hände noch einmal ganz genau betrachtete. „Stimmt doch etwas nicht?"

„Nein, alles okay", antwortete sie. „Nur eine kleine letzte Kontrolle. Ich bin ja noch nie geschrumpft worden."

Das Miniboot passierte noch weitere Sensoren, die Nano mühelos umfahren konnte. Irgendwie hatte er sich so ein Lab-on-a-Chip spannender vorgestellt. Er hatte gehofft, Lilly seine Fahrkünste im Blut vorführen zu können, doch das strömte langsam und gleichmäßig durch die Röhren.

„Eine weitere Abzweigung", warnte Micro Minitec vor. „Gleich werdet ihr gescannt."

Die Röhre wurde flacher und ein grelles Licht flammte auf. Anschließend vergrößerte sich der Durchmesser der Röhre wieder.

„Und? Wie findest du unseren kleinen Ausflug?", fragte Nano.

„Absolut fantastisch!", antwortete Lilly. „Stell dir vor, wir sind jetzt winzig klein! Wie Blutkörperchen."

„Ja, das sind wir", stimmte er zu. „Aber was ist mit dem Miniboot und unserer Fahrt?"

„Ist auch irgendwie toll", meinte Lilly. „So richtig viel gibt es im Moment ja aber gar nicht zu sehen. Das Blut und die Röhre."

„Es wird bestimmt noch besser", versicherte Nano.

„Bestimmt wird es noch einmal eng oder …"

„Pass auf!", rief Lilly in diesem Augenblick, doch es war bereits zu spät. Es gab einen kräftigen Ruck und die beiden Kinder wurden in die Sicherheitsgurte gedrückt.

„Was ist passiert?", fragte Nano.

„Oh je", meldete sich Micro Minitec. „Ihr hättet diesmal links abbiegen müssen. Jetzt habt ihr einen Filter erwischt. So ein Filter hält bestimmte Stoffe zurück, um sie ausfindig machen zu können. Sorry. Ich hätte euch warnen müssen."

Nano sah aus der großen Frontscheibe und entdeckte verschiedene weiße Seile, die ein Netz bildeten. In den Maschen steckten ein paar Blutkörperchen fest.

Ab und zu flutschte eines von ihnen hindurch.

Aber das Miniboot war zu groß.

„Wir hängen fest", schnaufte Nano.

„Was machen wir jetzt?", fragte Lilly ein wenig beunruhigt.

„Na, wir befreien uns. Was denn sonst?", antwortete Nano betont cool.

„Aber wie willst du das machen?", wollte Lilly wissen.

„Wer so ein tolles Miniboot hat", lächelte er, „der hat auch einen Laser."

„Angeber", flüsterte Micro Minitec ins Mikrofon.

„Was hat sie gesagt?", fragte Lilly.

„Dass wir den Laser aktivieren sollen", sagte Nano laut und berührte ein Symbol auf dem Display. Auf der großen Frontscheibe wurde ein Visier eingeblendet. Nano steuerte das Miniboot ein Stück zurück. Dann wählte er eines der Seile aus, die in Wirklichkeit dünner als ein menschliches Haar waren, und feuerte den Laser ab. Ein heller Lichtstrahl schoss aus dem Bug und zerschnitt das Seil.

„Mega!", staunte Lilly und machte große Augen.

„Ein leichter Schuss", prahlte Nano. „Möchtest du es auch mal versuchen?"

Lillys Augen wurden noch größer und sie nickte.

Nano zeigte ihr, wie man auf dem Display und der Frontscheibe ein Ziel ins Visier nimmt. Lilly wischte über das Display, wartete noch eine Sekunde und berührte den Auslöser. Ein weiterer Lichtstrahl schoss aus dem Miniboot und traf ein anderes Seil.

„Gar nicht schlecht", lobte Nano.

„Mega!", wiederholte Lilly begeistert.

Den nächsten Schuss übernahm wieder Nano.

Ein weiteres Seil wurde gekappt und nun war die Lücke groß genug für das Miniboot. Kaum hatten sie das Netz hinter sich gelassen, beschleunigte Nano das Miniboot. Sie kamen in der Röhre nun gut voran.

Plötzlich flammte wieder ein grelles Licht auf, in dem jetzt sonderbare Gebilde zu erkennen waren.

„Wie große Ypsilons", stellte Lilly fest.

„Das sind die Antikörper", erklärte Micro Minitec stolz. „Der von mir höchstpersönlich entwickelte Scanner hat sie auch gleich erkannt. Er tastet die Antikörper mit einem Lichtstrahl ab. Ihm entkommt nichts. Diese Ypsilons hier sind auf Soja spezialisiert. Unsere Vermutung stimmt also. Lilly muss in Zukunft vorsichtig mit Sojaprodukten sein."

Nano und Lilly besahen sich die Riesenypsilons staunend aus der Nähe.

„Solche Antikörper können übrigens auch Viren blockieren", fuhr Micro Minitec fort. „Etwa Grippe- oder Covid-19-Viren. Auch solche Antikörper können meine Scanner und Sensoren erkennen."

„Nicht schlecht, so ein Minilabor", staunte Nano. „Und das geht wirklich ganz automatisch?"

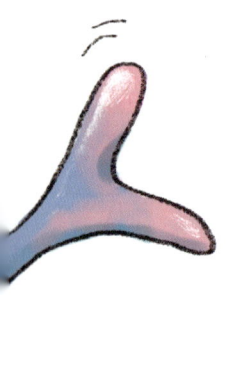
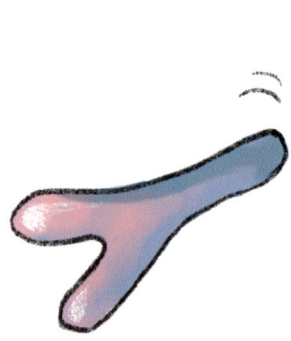
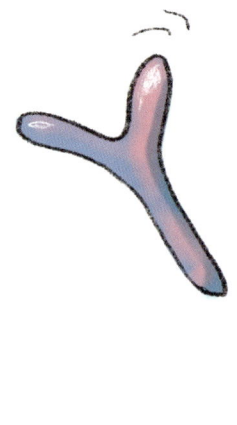

„Ja, es ist alles eingebaut, was zur Analyse
benötigt wird", erklärte sie. „Über einen
Chip kann ich die Ergebnisse auslesen und
habe sie umgehend auf meinem Computer. Und euch
habe ich auch gleich wieder bei mir, denn eure Reise
endet gleich."

„Jetzt schon?", ärgerte sich Nano. „Wir sind
doch gerade erst losgefahren!"

„Ein Lab-on-a-Chip ist ein Minilabor", betonte
Micro Minitec. „Mini heißt nun mal nicht maxi.
Also aufgepasst, gleich kommt euer Fahrstuhl."

„Schade", maulte auch Lilly.

Vor einem weiteren Hindernis musste Nano das
Miniboot stoppen. Über ihnen öffnete sich ein riesiger
Verschluss. Gleich darauf wurden sie in die Höhe
gerissen. Sie waren wieder in der Kanüle.

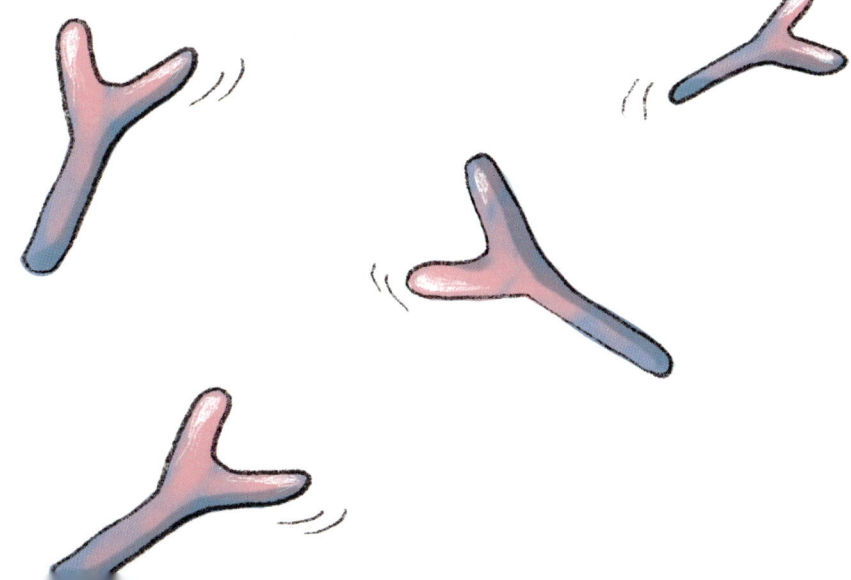

Fette in Opas Blut

Wenig später wuchsen Nano und Lilly zwischen den beiden Brötchenhälften des Turbobeamers wieder zu ihrer eigentlichen Größe heran. Der übergroße Laborraum um sie herum schien zu schrumpfen, die Wände kamen immer näher, die Decke stürzte auf sie zu. Für Nano war das alles nicht mehr ganz so aufregend, denn er war ja inzwischen ein erfahrener Bodynaut. Für Lilly aber war es ein richtiges Abenteuer. Kaum fertig vergrößert, tastete sie ihre Nase ab und besah sich ihre Hände.

„Fehlt etwas?", wollte Micro Minitec wissen und sah Lilly verwundert an.

„Nein, scheint alles in Ordnung zu sein", antwortete Lilly zufrieden.

„Und? Was sagst du?", fragte Micro Minitec und sah dabei Nano an.

„Tolle Erfindung", gab er zu. „Erspart bestimmt viel Zeit und auch Kosten."

„Du hast es erkannt", lächelte die Erfinderin.

„Aber ich fahre lieber durch echte Adern", sagte Nano.

In diesem Augenblick erschien Dr. X im Labor und schlug vor, wieder in den Garten zu gehen: „Die anderen Gäste warten bestimmt schon auf uns. Außerdem muss ich noch einmal mit deinem Opa reden, Nano. Ich habe sein Blut nämlich auch mit einem Lab-on-a-Chip untersucht."

„Was ist dabei herausgekommen?", fragte Nano besorgt.

„Komm mit", antwortete Dr. X. „Gehen wir erst mal zu deinem Opa."

Nano und Lilly folgten Dr. X in den Garten, wo noch immer gefeiert wurde. Alle Gäste freuten sich, dass es Lilly wieder besser ging.

„Na, Lilly, jetzt nicht mehr allergisch?", fragte Marie.

„Im Moment nicht", sagte Lilly. „Ich sollte nur auf Soja verzichten."

Während sich alle auf Lilly stürzten, die immer wieder mit dem Finger auf ihre Nase zeigte und fasziniert ihre Hände hochhielt, nahm Dr. X den überraschten Erwin Sonntag zur Seite und ging mit ihm ein paar Schritte. Nano wich den beiden nicht von der Seite.

„Ich wollte Ihnen noch einen Ratschlag geben", begann der Arzt. „Denn ich habe festgestellt, dass Sie einen sehr hohen Cholesterinspiegel haben."

„Was ist Cholesterin?", wollte Nano wissen.

„Das ist ein lebenswichtiger Stoff, den unser Körper unbedingt benötigt, um Zellwände, Nerven oder Gallensäuren zu bilden", erklärte der Arzt. „Wenn sich jedoch zu viel davon im Blut befindet, kann sich der Stoff in den Arterien ablagern. Das wiederum kann zu einem Herzinfarkt und anderen Krankheiten führen. Nano hat solche Ablagerungen auch entdeckt, als er durch Ihren Körper gefahren ist."

„Und jetzt brauche ich Tabletten?", fragte Opa Sonntag.

„Brauchst du nicht!", entgegnete Oma Rosi, die plötzlich hinter Dr. X erschien. „Du musst dich nur anders ernähren, Erwin. Du isst viel zu viel Fleisch und Pommes frites und zu wenig Fisch und Vollkornbrot."

„Ich liebe aber Pommes und Currywurst", maulte Opa.

„Ich weiß", entgegnete Oma Rosi. „Aber zu viel Fleisch ist nicht gut für die Verdauung. Außerdem erhöht es – wenn man zu viel davon isst – das Risiko, an Krebs zu erkranken, vor allem an Darmkrebs. Und ganz am Rande, lieber Erwin, die Haltung vieler Tiere in riesigen Ställen ist Tierquälerei und schädlich für das Klima, weil die Tiere so viel Methangas ausstoßen. Also: Iss einfach etwas weniger Fleisch! Ein- oder zweimal in der Woche, das ist in Ordnung. Aber nicht mehr, ja? Und nicht jeden Abend ein Bierchen zum Essen."

Erwin Sonntag zog eine Grimasse und schaute
mürrisch weg. Immer diese Besserwisserei.

„Zu viel Milch, Butter und Käse sind auch nicht
so gut für Sie", ergänzte Dr. X.

„Und Pommes sind auch ungesund?", staunte Nano.

„Ja, besser gesagt, die Fette, in denen sie frittiert
werden", antwortete Oma Rosi, bevor Dr. X dies tun
konnte. Er lächelte aber zustimmend.

„Frittierfette sind zwar Pflanzenöle", erklärte sie
weiter. „Aber wenn sie sehr hoch und lange erhitzt
werden, dann bilden sich Transfette. Das ist eine sehr
gefährliche Art von Fetten, die den Cholesterinspiegel
steigen lässt. Stimmt's, Mister X?"

„Ja, so ungefähr", bestätigte der Arzt schmunzelnd.

„Diese Transfette findet man oft auch in Blätterteig,
Keksen oder Chips", fuhr Oma Rosi fort. „Also genau
in den Lebensmitteln, die du in dich hineinstopfst!"

„Das essen doch alle abends vor dem Fernseher!",
verteidigte sich Opa Sonntag.

„Nüsse solltest du abends essen", sagte Oma Rosi mit
ernster Miene. „Oder Obst. Und mittags viel Gemüse.
Brokkoli und Möhren. Und Bohnen oder Sauerkraut."

„Ja, Sie haben recht, liebe Frau Rosi", lächelte Dr. X
sanft. „Was halten Sie von den Tipps, Herr Sonntag?"

Nanos Opa machte ein verlegenes, missmutiges Gesicht.
Ihm war anzusehen, dass ihm die Ernährungstipps
ganz und gar nicht gefielen. Vor allem Brokkoli hasste
er. Sauerkraut war ihm sowieso viel zu sauer. Pommes
frites aber konnte er immer essen. Am liebsten mit
einer gut gekühlten Cola dazu. Und mit viel Mayo und
noch mehr Ketchup.

„Tomaten sind gesund", fiel ihm ein. „Und in Ketchup
sind doch viele Tomaten enthalten."

„Aber auch viel Zucker", erwiderte Oma Rosi. „Wie
übrigens auch in der blöden Cola."

„Bitte höre auf die beiden", ermahnte Nano seinen Opa.

„Ja, ja", brummte Opa Erwin und sah verstohlen auf den
Boden. „Ich werde es mir überlegen."

„Tu das!", bekräftigte Oma Rosi. „Und geh nicht so oft
zu dieser neuen Imbiss-Bude in der Herzbubenstraße!"

„Ein neuer Imbiss?", wunderte sich Nano.

„Der wurde vor zwei Wochen eröffnet", sagte Oma Rosi.

„Das Essen dort ist gesund", grinste Opa Erwin.

„Fast Food für Fitte. Das ist der Slogan. Kerngesunde Kartoffelstäbchen, kurierende Currywurst und heilende Hamburger. Das Essen dort hat nichts mit den üblichen Burger-Läden zu tun."

Oma Rosi sah ihn mit offenem Mund an. Auch Dr. X blieb die Sprache weg. Nur Nano blieb nicht stumm:

„Das glaubst du doch nicht wirklich?"

„Wenn es doch auf den Plakaten steht?", entgegnete Opa Erwin. „Sogar unser Bürgermeister bestellt dort Pommes und Burger. Für den gesamten Stadtrat. Ich habe ihn mit eigenen Ohren gesehen!"

„Gehört", verbesserte Nano. „Du hast ihn gehört."

„Gehört? Wen habe ich gehört?", fragte Erwin Sonntag.

„Na, den Bürgermeister", sagte Nano. „Im Imbiss!"

„Ne, den habe ich gesehen, den Bürgermeister", erwiderte sein Opa. „Mit eigenen Augen."

„Den Laden sollte man sich mal genauer ansehen", grummelte Nano. „Wo ist Micro Minitec?"

In geheimer Mission

Am nächsten Tag standen Micro Minitec, Nano, Marie, Lilly und Manuel in der Herzbubenstraße. Marie sah sich kurz um und machte ein Gesicht, als wollte sie gleich eine Bank überfallen. Auch die anderen versuchten, sich möglichst unauffällig zu verhalten, sahen bemüht gelangweilt in die Luft und pfiffen verschiedene Melodien vor sich hin.

„Wo ist denn diese Burger-Bude?", flüsterte Marie und ging schnell hinter einer Litfaßsäule in Deckung.

Die anderen folgten ihr.

„Ich glaube, dort drüben", vermutete Lilly.

„Fast Food für Fitte", las Nano vor.

„Ja, das muss es sein."

Die kleine Gruppe schlich auf die andere Straßenseite und stand nun vor dem Imbiss.

„Sieht eigentlich ganz nett aus", meinte Manuel. „Das ist keiner von diesen schmuddeligen Läden. Es riecht auch gar nicht so übel."

„Vielleicht ist dieser neue Imbiss ja doch ganz in Ordnung?", überlegte Marie.

„Das werden wir gleich feststellen", raunte Micro Minitec. „Wir gehen rein und bestellen etwas."

„Pommes", schlug Marie vor.

„Noch ein anderer Vorschlag?", fragte Micro Minitec in die Runde.

„Pommes mit Ketchup", antwortete Marie.

„Vielleicht noch einen Hamburger", meinte Nano.

„Die haben auch Donuts", ergänzte Manuel.

„Okay, also Pommes mit Ketchup, einen Hamburger und einen Donut", fasste Micro Minitec zusammen. „Wer kommt mit?"

„Wir gehen alle rein", entschied Nano.

Im Innenraum erwartete sie eine sehr gemütliche Einrichtung aus kleinen Tischen, bequemen Stühlen und farbigen Wänden, an denen Bilder von Feldern und Weiden hingen. Etwa die Hälfte der Tische war besetzt. Am Ende des Raums stand ein langer Tresen, über dem Fotos von den Gerichten hingen. Doch ihre Augen richteten sich sofort auf die Bedienung, die hinter dem Tresen auf die Bestellungen wartete. Es dauerte eine Weile, bis sie sicher waren, wen sie vor sich hatten.

„Das ist ein Roboter", hauchte Lilly.

„Na und? In vielen Kantinen und Restaurants bedienen inzwischen Roboter", gab Micro Minitec zu bedenken.

„Aber nicht in unserer kleinen Stadt", sagte Manuel.

„Dann ist dies eben der Erste", lächelte Micro Minitec, machte ein paar Schritte auf den Roboter zu und gab die Bestellung auf.

Der Roboter hörte aufmerksam zu. Sein Gesicht glänzte dabei im Licht der Lampen.

„Ich habe verstanden", sagte er und wiederholte mit einer sehr menschlich klingenden Stimme: „Einmal Pommes frites mit Ketchup, ein Hamburger und ein Donut. Alles wird frisch zubereitet. Dennoch ist Ihre Wartezeit kurz. Bitte wählen Sie einen Platz."

Dann drehte er sich um und machte sich an die Arbeit.

„Ein tolles Teil", lobte Micro Minitec. „Den würde ich sofort bei uns einstellen."

„Ein Roboter, der kochen kann", staunte Marie. „Den könnte Opa gut gebrauchen."

Nano suchte einen Tisch aus. Schon nach wenigen Minuten öffnete sich im Tresen ein Durchgang für den Roboter, der die Bestellung mit großer Vorsicht auf ihren Tisch stellte. Es war sogar ein kostenloses Getränk dabei.

„Ich wünsche einen guten Appetit", sagte der Roboter, drehte sich um und kehrte an seinen Platz zurück.

„Das ist der netteste Roboter, den ich kenne", lächelte Marie glücklich.

„Kennst du denn noch mehr Roboter?", fragte Lilly.

„Nein", gab Marie zu. „Nur den blöden Gobot, der in Opas Gehirn unterwegs war. Aber der zählt nicht."

„Und warum zählt der nicht?", hakte Nano nach.

„Weil er nicht sprechen kann und so gemein ist", sagte Marie. Nano rollte mit den Augen.

„Jetzt bin ich gespannt", sagte Micro Minitec.
Sie angelte sich ein paar Pommes und tunkte sie
in das Ketchup ein. Auch alle anderen griffen zu.
„Ein bisschen zu kross", urteilte Lilly. „Aber sonst."
„Ich habe schon lange keine Pommes mehr gegessen",
sagte Micro Minitec. „Mir fehlt der Vergleich."
„Fantastisch!", kaute Marie und strahlte über das
ganze Gesicht. „Jetzt verstehe ich den Opa."

Anschließend kam der Hamburger dran, den
Micro Minitec mit ihrem Taschenlasermesser
in kleine Stücke in lustigen Formen
zerschnitt.

„Wo kann man denn den kaufen?", staunte
Manuel mit großen Augen.

„Nirgends", grinste die Erfinderin. „Den
habe ich selbst gebaut."

„Ach so,
schade", murrte
Manuel vor sich
hin und schob sich sein
Hamburgerstück in den Mund.
Kurz wurde es still, denn alle kauten
nun bedächtig vor sich hin.
„Das ist nichts für mich", stellte Micro Minitec nach
einer Weile fest.
„Für mich auch nicht", stimmte ihr Nano zu. „Da fehlen
die Gewürze."
„Das Brötchen finde ich gar nicht schlecht", sagte Lilly.
„Aber das Fleisch geht überhaupt nicht."
„Ich habe schon bessere Burger gegessen", meinte auch
Manuel. „Und was sagst du, Marie?"
„Total lecker!", mampfte Nanos kleine Schwester
genüsslich. „Schön weich und saftig. Der Opa kennt
sich einfach aus."

Als Letztes kam der Donut dran, den Micro Minitec ebenfalls in kleine Teile zerschnitt.

„Der ist richtig!", freute sich Nano, als er das erste Mal abgebissen hatte.

„Hmmm", brummte auch Manuel mit vollem Mund, während die anderen zustimmend nickten.

Der Donut war der klare Testsieger.

„Gehen wir!", entschied Micro Minitec, nachdem sie sich mit einer Papierserviette einen Schokoklecks vom Mund gewischt hatte. Alle sahen sich noch einmal um und verließen dann den Imbiss, um sich hinter der Litfaßsäule zu beraten.

„Nun? Was meint ihr?", fragte Micro Minitec.

„Ein ganz normaler Imbiss", antwortete Nano. „Bis auf den Roboter und die stolzen Preise. Aber sonst scheint alles in Ordnung zu sein."

„Alles im grünen Bereich", stimmte Manuel zu. „Ein bisschen teuer ist der Laden. Aber sonst ist er doch eigentlich ganz okay."

„Nichts für mich", urteilte Lilly. „Ich mag lieber Gemüse und Salate."

„Ich finde den Laden super!", entgegnete Marie. „Leckere Pommes, dicke Burger, die auch noch von einem süßen Roboter serviert werden."

„Und trotzdem stimmt hier etwas nicht", sagte Micro Minitec. „Seht euch doch bloß mal die Versprechen auf den vielen Plakaten an."

„Kerngesunde Kartoffelstäbchen", las Nano leise vor.

„Handgeschnitten aus feinsten Kartoffeln – garantiert aus Bodenhaltung."

„Kurierende Currywurst", las Manuel auf einem anderen Plakat. „Die weltweit einzige Wurst mit einer Currysoße nach dem überlieferten Originalrezept von Madame Curry, der bekannten Nobelpreisträgerin."

„Wie Opa gesagt hat", strahlte Marie. „Sogar einen Preis hat die Soße bekommen. Die ist bestimmt gesund."

„Den Preis hat die polnische Forscherin Marie Curie bekommen", entgegnete Micro Minitec. „Es waren sogar zwei: ein Nobelpreis in Physik und einer in Chemie. Das war Anfang des 20. Jahrhunderts. Sie hat radioaktive Strahlung untersucht und neue Elemente entdeckt."

„Und die Currysoße!", ergänzte Marie fröhlich.

„Nein, die hat sie sicher nicht entdeckt", widersprach Micro Minitec lachend. „Denn Currysoßen gibt es schon viel länger. Das Currygewürz haben die Engländer vor mindestens 200 Jahren erfunden, in Anlehnung an die Gewürze der Inder in der sogenannten ayurvedischen Medizin. Die gibt es schon seit Tausenden von Jahren."

„Stimmt", bestätigte Nano. „Curry ist eine Mischung aus verschiedenen indischen Gewürzen wie Pfeffer, Kardamom, Kümmel, Chili und Kurkuma, das übrigens für die gelbe Farbe sorgt. Es sind aber auch noch andere Gewürze dabei, die die Verdauung erleichtern."

„Ja, genau, du kleiner Doktor!", stimmte Micro Minitec erfreut zu.

„Seid ihr euch da auch wirklich ganz sicher?", fragte Marie enttäuscht. „Es steht doch immerhin so auf dem Plakat."

„Auf Plakate kann man alles drucken", erklärte Lilly. „Papier ist geduldig. Deswegen muss es noch lange nicht stimmen. Sieh mal auf dieses Plakat: Heilende Hamburger. Mit Rindfleisch von handgefütterten Helgoländer Hochalmrindern und Brötchen aus megaweißem, magenfreundlichem Müllermehl."

„Das klingt doch super!", verteidigte sich Marie.

„Aber mehr auch nicht", hielt ihr Lilly entgegen. „Das ist Werbesprache. Blumige Worte und leere Sprüche, aber nichts dahinter."

„Heiße Luft", bestätigte Micro Minitec. „Die Plakate haben nur einen Zweck: Die Kunden sollen glauben, das Essen aus diesem Imbiss sei gesünder als das aus anderen Fast-Food-Läden."

„Stimmt das?", sah Marie ihren Bruder fragend an.

„Ja, ich fürchte, Lilly und Micro haben recht", antwortete Nano.

„Da neigt jemand zu maßlosen und schwer verdaulichen Übertreibungen", stellte Micro Minitec fest. „Und schreckt auch nicht vor falschen Aussagen zurück. Ich bin mir inzwischen tatsächlich sehr sicher, dass hier etwas nicht stimmt."

„Und da ist noch etwas", gab Nano zu bedenken. „Oma Rosi hat kürzlich in der Stadt gehört, dass das Frittierfett in diesem Imbiss hier viel zu selten gewechselt wird. Hier und da sollen einige Kunden sogar über Bauchschmerzen nach dem Essen geklagt haben."

Angriff des Roboters

„Aber wie können wir beweisen, dass hier etwas nicht stimmt?", fragte Nano.

„Indem wir uns von hinten anschleichen", schlug Marie vor. „Das weiß doch jedes Kind."

„Ein guter Vorschlag", stimmte Micro Minitec zu. „Wenn vorne alles glänzt, heißt das noch lange nicht, dass es hinten auch glänzt. Gehen wir."

Die Forscherin und die Kinder sahen sich kurz um und schlenderten so unauffällig wie möglich in die schmale Seitenstraße, die zur Rückseite des Gebäudes führte.

„Von der Seite sieht noch alles gut aus", bemerkte Nano. „Vielleicht liegen wir auch falsch."

„Abwarten", sagte Micro Minitec.

Als sie am ganzen Gebäude entlanggegangen waren, kamen sie zu einem großen Tor, das verschlossen war. Ein hoher Zaun versperrte den Blick in den kleinen Innenhof.

„Hier ist eine Zaunlatte lose", stellte Marie fest.

„Vorsicht!", mahnte Nano. „Der Hof wird bestimmt von einer Kamera überwacht."

„Das haben wir gleich", sagte Micro Minitec und drückte ein paar Knöpfe auf ihrem Supra-Controller, den sie wie eine Armbanduhr am Handgelenk trug.

„Eine fabelhafte Idee!", freute sich Nano.

Wenig später hörten sie ein surrendes Geräusch. Diesmal hatte die Erfinderin nicht gleich mehrere ihrer Drohnen gestartet, sondern nur eine. Micro Minitec drückte auf ihren Controller, über dem sofort eine Holografie erschien. Niemand war überrascht, denn alle kannten diese Technik schon. Die Drohne flog über den hohen Lattenzaun in den Hinterhof. Auf der Holografie war ein kleiner Lieferwagen zu erkennen. Neben der offenen Hintertür standen mehrere Müllcontainer, ein paar Plastikkanister und ein Stapel leerer Kartons.

„Viel ist nicht zu sehen", sagte Nano enttäuscht.

„So einen Hinterhof haben bestimmt viele Läden."

„Aber hier stinkt es!", stellte Marie fest.

„Das ist Frittierfett", wusste Manuel. „Der Geruch kommt aus der Dunstabzugshaube und wird hier irgendwo in die Luft gepustet."

Die Drohne umkreiste den weißen Transporter, fand aber nichts außer ein paar rostigen Stellen. Die Schrift auf den Kanistern war auch nicht zu lesen. Aber dann entdeckte sie eine Überwachungskamera über der Tür.

„Was habe ich gesagt?", grinste Nano.

„Das ist alles?", beschwerte sich Marie.

„Also gut, dann müssen wir eben drinnen nachsehen", entschied Micro Minitec und berührte wieder ihren Supra-Controller. Die Drohne änderte ihren Kurs und flog durch die offene Tür. Alle Augen richteten sich auf das holografische Bild. Die Drohne schwebte im Halbdunkel durch einen Flur.

„Wir müssten einen Blick in den Kühlraum werfen können", meinte Nano.

„Keine Chance", winkte Micro Minitec ab. „Meine Drohnen können weder durch Wände noch durch Türen fliegen. Die Erfindung steht noch aus."

„Was ist denn jetzt los?", erschrak Lilly.

Statt des halbdunklen Flurs sahen sie plötzlich Schnee.

„Hast du das Programm gewechselt?", wunderte sich auch Nano.

„Nein, das ist etwas anderes", antwortete Micro Minitec mit ernstem Tonfall. „Da stört irgendetwas das Signal. Ein Störsender oder etwas Ähnliches. Ich kann das Bild der Drohnenkamera nicht mehr empfangen."

„Der Roboter!", platzte es aus Nano heraus.

„Kluges Kerlchen", nickte die Erfinderin. „Das dürfte die Lösung sein."

„Kannst du die Drohne trotzdem noch steuern?",
fragte Manuel.

„Das scheint zu gehen", sagte Micro Minitec. „Ich rufe
sie zurück. Den Kurs bestimmt sie dann automatisch."
Es dauerte nur ein paar Sekunden, dann schoss die
Drohne wieder aus der Hintertür heraus.

„So ein Pech!", ärgerte sich Lilly. „Wir haben überhaupt
nichts herausgefunden!"

„Dann mache ich das jetzt!", sagte Marie entschlossen,
schob die lose Zaunlatte zur Seite und schlüpfte
durch das Loch. Ehe jemand reagieren konnte, war
sie verschwunden.

„Marie! Tu es nicht!", rief Nano noch, doch es war
bereits zu spät.

Auf der Holografie konnten sie sehen, wie Marie um
den Lieferwagen herum zur Hintertür schlich.

„Das geht schief", unkte Lilly. „Die hat zu viele
Detektivgeschichten gelesen."

„Ich muss sie zurückholen", stöhnte Nano, ging zur
losen Zaunlatte und zwängte sich durch das Loch.

„Es hat auch Vorteile, wenn man etwas kleiner ist",
meinte Manuel. „Ich hätte das nicht geschafft."

Nano ging hinter dem Lieferwagen in Deckung, um
nicht von der Überwachungskamera erfasst zu werden.

Marie war nicht zu sehen. Nano ging in die Knie und schmiegte sich an den Wagen an. Langsam bewegte er sich vorwärts, bis er auf die Hintertür blicken konnte. Marie kauerte neben den Mülltonnen. Plötzlich stand sie auf und schlich sich zur Hintertür. Nano wollte gerade aufspringen, als in der Tür eine weiße Gestalt erschien und ihre Arme hob. Es war der Roboter.

Marie fuhr der Schreck in die Glieder. Sie schrie auf und wollte weglaufen, doch die Arme des Roboters packten sie blitzschnell.

„Lass mich sofort runter, du blöder Blechkerl!", rief Marie und trat kräftig um sich.

Aber der Roboter hielt sie weiter fest umklammert. Verzweifelt überlegte Nano, wie er seine Schwester befreien konnte. Gegen den Roboter hatte er keine Chance. Er war viel zu groß und zu stark. Doch in diesem Augenblick nahm er ein leises Summen wahr. Die Drohne stürzte sich auf den Roboter und flitzte schwirrend vor seinem Gesicht herum.

„Tolle Idee!", freute sich Nano.

Der Roboter bewegte seinen Kopf, um die Drohne zu verscheuchen, doch das gelang ihm nicht. Also ließ er Marie los und setzte sie auf den Boden. Jetzt hatte er die Hände frei und fuchtelte damit in der Luft herum. Nano sprang auf, rannte zur Tür und packte seine kleine Schwester. Das war dem Roboter natürlich nicht entgangen, der die Drohne schwirren ließ und sofort Jagd auf die beiden Kinder machte.

„Schneller!", riefen Lilly und Manuel, die das Geschehen auf der Holografie verfolgten.

Nano zog Marie hinter sich her, schlug einen kleinen Haken und umrundete flink den Lieferwagen. Der Roboter war nicht schnell genug, um sie einzuholen. Nacheinander schlüpften sie durch das Loch im Zaun. Auf der Holografie war zu sehen, wie der Roboter heftig gegen den Zaun prallte, zurücktaumelte und sich verdutzt umdrehte. Dann marschierte er wieder ins Haus zurück.

„Das war mal wieder knapp", meinte Micro Minitec.

„Scheint wirklich eure Spezialität zu sein."

„Das ist der blödeste Roboter der Welt!", motzte Marie.

„Ich dachte, er sei der Netteste?", entgegnete Nano.

„Dieser fiese Blechkerl? Bestimmt nicht!", meckerte sie.
„Der Roboter kocht und bedient also nicht nur, er
kümmert sich auch um die Sicherheit", stellte Micro
Minitec fest. „Ich frage mich, woher der Imbissbesitzer
das nötige Kleingeld für so einen Roboter hat."
„Und ich frage mich, was wir jetzt machen", sagte Nano.
„Wir fragen Oma Rosi!", schlug Marie vor. „Die weiß
immer Rat. Und kennt sich mit gesundem Essen aus."
„Gar keine schlechte Idee", stimmte Micro zu. „Wenn
man nicht weiterweiß, muss man jemanden fragen."

Oma Rosi übernimmt

Oma Rosi erntete gerade ein paar Radieschen, als Nano, Marie und die anderen eintrafen. Sie trug einen Sonnenhut und ihre Gartenschürze. Nach einer kurzen Begrüßung sagte sie: „Heute gibt es eine Suppe aus Radieschenblättern und Sauerampfer."
„Die Blätter von Radieschen kann man essen?", wunderte sich Manuel. „Wir essen immer nur die Radieschen."
„Und die leckeren Blätter schmeißt ihr weg?", wunderte sich im Gegenzug Oma Rosi.

„Ich wusste nicht, dass sie essbar sind", sagte Manuel.

„Es ist viel mehr essbar, als viele Menschen glauben", erklärte Oma Rosi. „Kein Wunder, dass so viele Lebensmittel verderben oder einfach weggeworfen werden. Denkt nur einmal an das Mindesthaltbarkeitsdatum. Die meisten Lebensmittel sind viel länger haltbar, als dieses Datum vermuten lässt. Man sollte das selbst immer noch einmal mit der eigenen Nase überprüfen. Wenn es gut riecht und auch kein Schimmel zu sehen ist, kann man es oft noch essen. Aber deshalb seid ihr bestimmt nicht gekommen."

„Es geht um den neuen Imbiss", begann Nano und erzählte seiner Oma von dem Testessen und der Drohne.

„Sehr schade, dass man die Aufschriften auf den Kartons und Kanistern nicht lesen konnte", bedauerte Oma Rosi.

„Keine Chance", versicherte Micro Minitec. „Sie können sich die Aufnahmen gerne selbst noch einmal ansehen, wenn Sie möchten."

„Sehr gerne sogar", sagte Oma Rosi. „Haben Sie denn ein Abspielgerät dabei? Oder geht das mit einem Smartphone?"

„Ich habe etwas viel Besseres", grinste Micro Minitec.

Sie drückte ein paar Knöpfe auf ihrem Supra-Controller und sofort wurden die Aufnahmen der Drohne wieder holografisch in die Luft projiziert.

„Was es heutzutage so alles gibt", staunte Oma Rosi. „Wir hatten früher nur so ein großes, schwarzes Telefon mit Wählscheibe." Dann rief sie plötzlich: „Halt! Stopp! Kann ich das noch einmal sehen? Und kann man das auch noch ein bisschen vergrößern? Das Bild von den Kanistern?"

„Kein Problem", antwortete Micro Minitec und ließ die letzten Bilder noch einmal abspielen. Die Kanister erschienen jetzt zwar in voller Größe. Aber von dem Etikett waren nach wie vor nur ein paar einzelne Buchstaben zu lesen.

„Mehr brauche ich auch gar nicht", lächelte Oma Rosi. „Diese Kanister kenne ich sehr gut. Darin wird Palmöl geliefert. Das ist ein sehr billiges Pflanzenöl. Es ist ungesund, denn es enthält viele gesättigte Fettsäuren. Diese Säuren können für mehr Cholesterin im Blut sorgen. Aber das ist noch nicht alles, denn in dem Imbiss wird das Palmöl bestimmt als Frittierfett verwendet."

„Die Transfette!", fiel Nano ein. „Die entstehen, wenn Fett stark erhitzt wird!"

„Ja, mein Junge", bestätigte Oma Rosi. „Darin werden in dieser blöden Fast-Fett-Bude hier bestimmt nicht nur Pommes frittiert, sondern auch Würste, Hähnchen oder sogar Tofu und noch ganz andere Sachen. Brrr, mich gruselt´s! Ziemlich ungesund und umweltschädlich das alles!"

„So viel zu den kerngesunden Kartoffelstäbchen", sagte Micro Minitec. „Jetzt wissen wir, was da nicht stimmt. Die verwenden das billigste und schlechteste Fett."

„Das ist bestimmt noch nicht alles", fuhr Oma Rosi fort. „In den Kartons, vermute ich, werden die Buns geliefert, die Burgerbrötchen. Wenn sie aus Großbäckereien kommen, enthalten sie viel Fett und Zucker und kein Gramm Vollkorn. Könnt ihr den Namen auf den Kartons lesen?"

„Übelback", las Nano vor. „Ist das so eine Großbäckerei?"

„Allerdings", nickte Oma Rosi. „Und Ulrich Übel ist ein sehr windiger Unternehmer. Er verwendet nur billigste Zutaten. Die Donuts stammen bestimmt auch von ihm."

„Na, dann ist ja alles klar. Die Kunden werden getäuscht und betrogen", sagte Micro Minitec. „Und die Betreiber werden reich. Sie geben kein Geld für gute Zutaten aus und verlangen Preise, die saftiger sind als ihre Hamburger."

„Was ist mit den anderen Zutaten?", wollte Nano
wissen. „Mit dem Fleisch, den Gurken, dem Salat und
den Tomaten?"

„Das können wir nur vermuten", antwortete seine Oma.
„Doch wenn Fette und Brötchen billig und schlecht
sind, dann sind es die anderen Zutaten bestimmt auch."

„Das werden wir bald wissen", erklärte Micro Minitec.

„Aber wie?", fragte Lilly.

„Na, wir werden dem Laden einen weiteren Besuch
abstatten", antwortete Micro Minitec. „Diesmal mit
einer noch kleineren Drohne."

„Was ist mit der Kamera?", wunderte sich Manuel.
„Die Signale werden doch gestört."

„Wir brauchen keine Kamera", lächelte die Erfinderin
und richtete ihren Blick auf Nano. „Es wird nämlich ein
Pilot an Bord sein, der alles mit eigenen Augen sieht.
Morgen Nachmittag bin ich startklar."

„Und ich auch", strahlte Nano.

Nano macht die Fliege

„Sie haben tatsächlich das Loch im Zaun geflickt", stellte Marie fest. „Es ist zugenagelt."

„Das ist uns heute ja zum Glück ganz egal", entgegnete Micro Minitec grinsend und öffnete eine kleine Box. Auf einem Wattebausch lag etwas, das wie eine dicke Stubenfliege aussah. Einen auffälligen Unterschied gab es jedoch. Auf dem Rücken besaß die Fliege eine dicke Beule, in der ein winziges, geschrumpftes Kind saß. Die Beule verbarg ein Cockpit.

„Ich will aber in den Hof", meckerte Marie. „Wir wollen Nano doch helfen."

„Das werden wir auch, keine Sorge. Bist du startklar, Nano?", fragte Micro Minitec über Funk.

„Ja, es kann losgehen", bestätigte Nano und nahm den Joystick fest in die Hand. Die Flügel der Fliege begannen zu schlagen. Die Drohne hob ab und verschwand in der Luft.

„Hoffentlich geht das gut", sagte Marie. „Da drinnen lauert ja immerhin ein finsterer Roboter. Können wir denn die ganze Zeit mit Nano sprechen?"

„Das wird wohl gehen",
antwortete Micro Minitec.
„Ich habe einen neuen
Sender eingebaut."
Nano flog ein paar
Kurven und machte sogar
einen Looping,
um sich an die
Drohne zu gewöhnen. Zu seiner großen Freude war
sie leicht zu steuern. Micro Minitec hatte nicht zu viel
versprochen. Er umkreiste einmal den Lieferwagen und
näherte sich dann der Hintertür. Zuerst sah es so aus,
als sei sie geschlossen, doch dann entdeckte er einen
Spalt, der groß genug war, um hindurchzufliegen. Er
machte noch einen weiteren Looping und schoss dann
durch den Spalt.
Der Flur war nur schwach beleuchtet. Nano drosselte
die Geschwindigkeit ein wenig, denn er brauchte ein
paar Sekunden, um seine Augen an das Halbdunkel zu
gewöhnen. Er wollte gerade wieder beschleunigen, als
ihm der Schreck in die Glieder fuhr. Zwei riesige, rot
leuchtende Lichter kamen plötzlich direkt auf ihn zu.

In letzter Sekunde konnte er die Drohne hochziehen und einen Zusammenstoß verhindern. Nach einer eleganten Kurve erkannte er, wozu die beiden Lichter gehörten. Es waren die Augen des Roboters, der gerade eine Tür öffnete.

„Der Kühlraum!", hauchte Nano aufgeregt. „Das ist die Gelegenheit!"

Er machte kehrt und folgte dem Roboter schnell durch die geöffnete Tür.

„Kalt", stellte Nano brummend fest. „Es ist also wirklich der Kühlraum."

Im Licht einer fahlen Lampe erkannte er Kartons und Boxen mit verschiedenen Aufschriften. Der Roboter öffnete einen Deckel und zog mehrere tiefgefrorene Hamburger-Patties heraus. Die Kälte machte dem Roboter natürlich nichts aus. Nano flog eine Kurve, um einen Blick auf das Etikett werfen zu können.

„Übelfleisch", las er halblaut. „Inhaber: Udo Übel. Bestimmt der Bruder von diesem Ulrich Übel. Fleischherkunft: Südamerika."

„Das habe ich mir gedacht", hörte er plötzlich die viel zu laute Stimme seiner Oma in seinem Kopfhörer.

„Sie brauchen nicht zu schreien", schaltete sich Micro Minitec ein. „Nano hört Sie bestens."

„Um die Rinder für diese Hamburger zu züchten, wird der Regenwald in Südamerika gerodet. Vor allem in Brasilien. Daraus wird dann Weideland für die unzähligen Rinder gemacht. Und Ackerland, auf dem das Futter für die Rinder angebaut wird", erklärte seine Oma aufgeregt, die kaum leiser geworden war. „Für die vielen Ölpalmen wird in Indonesien und anderen Ländern auch Regenwald gerodet. Das Palmfett daraus ist zwar billig, aber ungesund. Leinöl oder Olivenöl, das wären gesunde Öle."

„Das passt ja alles gut zusammen", stellte Nano fest. Er wollte sich noch die anderen Etiketten ansehen, doch der Roboter war schon wieder auf dem Rückweg. Er war so schnell, dass sich die Tür bereits wieder schloss. „Ach, du dicker Burger!", rief Nano und beschleunigte seine Fliege. Die Flügel surrten immer heftiger, während die Tür fast schon ins Schloss fiel. Nano aber behielt seinen Kurs bei. Der Spalt vor ihm wurde immer kleiner. Nano blieb eisern. Er musste den Kühlraum verlassen, um nicht zu erfrieren.

Im allerletzten Moment schoss die Fliege wie ein Pfeil durch den Türspalt. Direkt hinter ihr schnappte das Schloss zu. Nano drückte den Joystick zur Seite, denn er raste viel zu schnell auf die gegenüberliegende Wand zu.

Das würde nicht reichen – er war immer noch viel zu schnell. Also zog er seine Minidrohne auch noch nach oben. Nach einer engen, steilen Kurve bis fast an die Decke konnte er die Verfolgung des Roboters fortsetzen. Der marschierte, wie Nano erwartet hatte, in die Küche, wo er die Patties auf einen Grill legte. Aber der Roboter war nicht allein. Vor der Fritteuse stand ein Mann und schüttete aus einer Plastiktüte gefrorene Pommes frites in einen Frittierkorb. Nano musste zweimal hinsehen und öffnete Mund und Augen.

„Das ist ja Scherge!", sprach er verwundert in sein Mikrofon.

„Scherge?", wiederholte Micro Minitec. „Dieser Assistent von Professor von Schlotter? Du musst dich irren!"

„Nein, genau der", bestätigte Nano. „Was hat der denn mit dem Imbiss zu tun?"

„Er ist der Inhaber", antwortete Oma Rosi.

„Der Inhaber? Bist du sicher?", zweifelte Nano.

„Und ob ich sicher bin", bekräftigte Oma Rosi. „So steht es auf seinem Firmenschild. Ich habe es gelesen, als wir hier angekommen sind."

„Das müssen wir übersehen haben", gab Nano zu.

„Offensichtlich", meinte Oma Rosi.

„Na klar!", sagte Micro Minitec. „Von Schlotter musste ja seine Praxis schließen. Weil wir ihn und seinen Gobot besiegt haben. Da musste sich Scherge einen neuen Job suchen. Ich kann mich erinnern, dass Scherge schon immer von so einem Imbiss geträumt hat. Bestimmt hat er schnell zugegriffen, als für diesen hier ein neuer Pächter gesucht wurde. Und den Roboter hat er bestimmt aus dem Labor des Professors mitgenommen. Der hat ja auch mit Robotern experimentiert. Die sollten ihm bei Operationen helfen."

„Hamburger braten können sie auch", funkte Nano aus dem Cockpit der künstlichen Fliege und flog auf Scherge zu. Doch das war ein großer Fehler. Scherge drehte sich plötzlich um, griff unter den Tresen und zog eine Fliegenklatsche aus einem Fach.

„Schon wieder so ein Mistvieh!", rief er und schlug nach der Minidrohne. „Ich hasse Fliegen!"

Nano drückte seine Drohne nach unten und flog eine enge Kurve. Die Fliegenklatsche zischte an ihm vorbei. Aber Scherge gab nicht auf, sondern versuchte verbissen, Nano zu erwischen.

„Los, schnapp dir auch eine Klatsche!", rief Scherge dem Roboter zu. „Das hier ist ein besonders fettes Exemplar!"

Die Fliegenklatschen sausten durch die Luft. Doch das war nicht die einzige Gefahr. Denn über den Fritteusen befanden sich Dunstabzugshauben, die wie riesige Mäuler die fettige Luft einsogen und nach draußen pusteten. Gegen die großen Ventilatoren darin hätte er keine Chance. Nano flog einen Looping und hielt dann direkt auf Scherges Nase zu. So spät wie möglich drehte er ab und sauste dicht am Ohr vorbei.

„Aua!", schrie Scherge, als die Fliegenklatsche des Roboters auf seiner Nase landete. „Nicht mich, du Blechhaufen! Oder bin ich eine Fliege?"

„Nein, Herr Scherge", sagte der Roboter. „Das war ein Irrtum. Verzeihung, Herr Scherge."

Nano lachte kurz auf und drehte einen weiteren Looping. So gerne er das Miniboot mochte, die Minidrohne gefiel ihm immer besser. Nach einer langen Kurve näherte er sich dem Roboter von hinten, flog über dessen Kopf hinweg und ein weiteres Mal direkt auf Scherges Nase zu. Der holte aus und traf den Roboter auf den Kopf, der ebenfalls ausholte und noch einen Volltreffer auf Scherges Nase landete.

„Du Idiot!", schrie Scherge. „Was soll das denn?"

„Ein weiterer Irrtum", antwortete der Roboter. „Und da wäre noch etwas, Herr Scherge."

„Ja, was denn noch?", brummte Scherge.

„Ihre Nase ist leicht gerötet", sagte der Roboter. „Sie sollten einen Arzt aufsuchen. Vielleicht handelt es sich um die ersten Anzeichen einer ernsthaften Erkrankung."

„Blödmann! Du sollst Fliegen jagen und nicht Nasen!", erwiderte Scherge. „Und jetzt pass gefälligst besser auf! Da! Direkt hinter dir!"

Der Roboter drehte sich um, holte aus und schlug zu. Im Gitter seiner Fliegenklatsche steckte eine Fliege, die sich nicht mehr rührte.

„Erwischt!", jubelte Scherge.

„Entwischt!", jubelte Nano und drehte einen weiteren Looping. Der Roboter hatte eine echte Fliege erlegt. Es war nicht die einzige, wie er gleich darauf bemerkte. Als er kurz zur Seite sah, zuckte er zusammen. Neben ihm flog eine riesige Fliege, eine echte Fliege. Die Flügel schlugen so schnell, dass Nano sie gar nicht richtig sehen konnte. Die gigantischen Augen bestanden aus lauter Facetten und schienen ihn anzustarren. Aus dem Mund zuckte ab und zu eine Art Rüssel.

„Da sind noch zwei!", rief Scherge und fuchtelte mit seiner Fliegenklatsche vor der Fritteuse herum, in der gerade seine Pommes frites verbrannten.

„Mist!", sagte er und holte den Korb aus dem heißen Fett. „Ein bisschen dunkel."

„Viel zu dunkel", ergänzte der Roboter.

„Na und? Wir sagen einfach, wir machen jetzt auch Pommes aus violetten Kartoffeln", grinste Scherge und verteilte die Pommes frites auf drei Teller. „Die sind bekanntlich noch gesünder. Sagen wir ihnen jedenfalls. Der Kunde schluckt ja fast alles. Los! Du servierst, ich erledige die Fliegen. Und vergiss die Hamburger nicht!"

„Die sind auch längst viel zu dunkel", gab der Roboter zu bedenken.

„Nimm einfach mehr Mayo und Ketchup", wies ihn Scherge an. „Dann merkt niemand, dass es verbrannte, also sozusagen Brandenburger geworden sind."

Die Fliege flog immer noch neben Nano her. Nano versuchte, sie durch einen Zickzackkurs abzuschütteln. Doch als er zur Seite sah, surrte die fette Fliege noch immer neben ihm.

„Dann eben auf die harte Tour", sagte Nano, flog eine enge Kurve, stieg nach oben und hielt direkt auf Scherges Nase zu.

Die Fliege fiel etwas zurück, holte aber schnell wieder auf. Nano atmete tief durch und beschleunigte. Vor ihm wuchs die Nase ins Gigantische. Die Nasenlöcher kamen ihm vor wie Tropfsteinhöhlen, die Nasenhaare wie dicke Schweineborsten. Sein Herz pochte, seine Hände schwitzten.

„Jetzt!", rief er und zog die Minidrohne steil nach oben. Auf seinem Display leuchteten gleich drei rote Warnlichter auf. Aber er stieg weiter und weiter, bis er über dem Kopf schwebte.

„Aua!", schrie Scherge unter ihm auf.

Von oben konnte Nano erkennen, dass diesmal nicht der Roboter zugeschlagen hatte, sondern Scherge selbst. Auf seiner Nase klebten die Reste der fetten Fliege.

„Darf ich eine Bemerkung machen, Herr Scherge?",
fragte der Roboter höflich.

„Bestimmt nicht!", brummte Scherge und wischte sich
die tote Fliege mit einem Küchentuch von der Nase.
Der Roboter ging zu einem der Tische und stellte die
drei Teller hin. Was er den Gästen sagte, konnte Nano
nicht hören. Es war ihm auch egal, denn er musste sich
jetzt erst einmal darum kümmern, nicht doch noch von
Scherge erwischt zu werden, der inzwischen mächtig in
Wut geraten war.

„Du entkommst mir nicht!", zischte er. „Dich mache
ich auch noch platt!"

Wild entschlossen tobte Scherge durch die Küche.
Die Fliegenklatsche sauste rechts und links an Nano
vorbei, der immer gewagtere Flugmanöver ausführte.
Scherge fegte das Ketchup vom Tresen und zermatschte
eine nicht mehr frische Tomate. Salatblätter flogen
durch die Luft, Tröpfchen aus heißem Fett verfolgten
Nano. Die wenigen Gäste standen nach und nach auf
und verließen angewidert den Imbiss.
„Hilfe!", funkte Nano. „Ihr müsst mir helfen! Scherge
dreht durch!"
Haarscharf verfehlte ihn die Klatsche und zerteilte
unter ihm eine graue Currywurst. Dann kehrte auch
noch der Roboter zurück und beteiligte sich an der Jagd.
„Hilfe!", funkte Nano erneut. „Wo bleibt ihr denn nur?
Die Türen sind alle zu! Es gibt keine Fluchtmöglichkeit!"
Nano flog hinter den Messern vorbei, die an der Wand
hingen. Er umkreiste den verkrusteten Topf mit der
Currysoße, in der eine Brötchenhälfte schwamm.
Unter einem der Tische fand er für kurze Zeit Deckung,
bis ihn der Roboter entdeckte und den Tisch hochhob.
„Wir kreisen sie ein!", befahl Scherge. „Komm du von
hinten, ich komme von vorne!"
Nano flog bis zur Decke und stürzte sich dann auf
die Kasse.

„Vorsicht!", rief Scherge dem Roboter zu. „Nicht, dass dem Geld etwas passiert! Ich mag keine fleckigen Scheine!"

Plötzlich leuchtete ein weiteres Warnlicht im Cockpit auf. Der Akku der Minidrohne war fast leer. Da fiel Nano der internationale Funknotruf ein.

„Mayday! Mayday!", schrie er ins Mikrofon. „Notlandung steht unmittelbar bevor!"

Er flog eine weitere Kurve und hielt direkt auf Scherge zu, der sich ihm in den Weg gestellt hatte. Auf der anderen Seite brachte sich der Roboter in Stellung. Beide hoben ihre Arme.

Oma Rosis Vorschlag

„Mayday! Mayday!", funkte Nano ein letztes Mal, dann sauste Scherges Fliegenklatsche auf ihn zu. Sie hatte ihn fast erreicht, als sie mitten in der Bewegung abrupt stoppte.

„Was soll das?", rief Scherge, drehte sich um und sah in das Gesicht von Oma Rosi, die seine Hand fest im Griff hatte.

Auch der Roboter hatte seine Bewegung gestoppt, denn ein kleines Mädchen trat heftig gegen ihn.

„Lass meinen Bruder in Ruhe!", rief Marie.

„Ihr Bruder ist eine Fliege?", fragte der Roboter. „Sind Sie sich da auch wirklich sicher?"

„Und wie!", antwortete Marie und trat weiter zu, was den Roboter allerdings nicht beeindruckte.

„Wenn Sie der Überzeugung sind, dass Ihr Bruder der Gattung der Fliegen angehört", sagte der Roboter höflich, „dann sollten Sie umgehend einen Arzt aufsuchen."

„Geh du doch zum Arzt!", erwiderte Marie. „Am besten zu deinem Schlotter!"

„Von Schlotter", verbesserte der Roboter. „Götz von Schlotter. Er ist der beste und klügste ..."

Weiter kam der Roboter nicht, denn hinter ihm war Micro Minitec aufgetaucht und hatte einen kleinen Schalter an seinem Rücken betätigt.

„So, der ist erst einmal still", grinste sie.

„Frau Minitec? Was machen Sie denn hier?", fragte Scherge verwundert und hielt die Fliegenklatsche noch immer hoch erhoben in der Hand.

„Das, was ich immer mache", antwortete sie keck.

„Die Welt verbessern. Ein bisschen jedenfalls. Und heute ist Ihr Imbiss an der Reihe."

Sie holte die kleine Box aus der Tasche und öffnete sie. Mit offenem Mund beobachtete Scherge, wie die Fliege, die er kreuz und quer durch seinen Imbiss verfolgt hatte, zur Box flog und sanft auf dem Wattebausch landete. Nano war in Sicherheit. Erleichtert lehnte er sich in seinen Sitz zurück.

Er suchte sich auf dem Display eine passende Musik aus und entspannte sich. Es würde nicht lange dauern und Micro Minitec würde ihn wieder wachsen lassen. Sein Magen knurrte und die Currywurst kam ihm in den Sinn. Er stellte die Musik lauter und versuchte, auf andere Gedanken zu kommen.

Scherge giftete Oma Rosi an: „Das dürfen Sie nicht!
Ich rufe die Polizei!"

„Gut, rufen Sie ruhig die Polizei", erwiderte Oma Rosi.
„Dann ersparen sie mir ein lästiges Telefongespräch.
Und den Bürgermeister können Sie auch gleich in
Kenntnis setzen."

„Aber, aber, aber ...", stammelte der Imbissbetreiber
und machte ein Gesicht wie ein Karpfen.

„Fast Food für Fitte? Dass ich nicht lache. Sie meinen
wohl: Fast Food für Fette!", schimpfte Oma Rosi. „Ihre
ganzen Versprechen sind glatte Lügen! Das Einzige,
das hier gesund ist, das ist das Wasser aus der Leitung!"

„Sie haben hier nur üble Lebensmittel angeboten!",
fauchte auch Lilly, die unvermittelt neben ihm erschien.

„Ihre Lieferanten heißen sogar Übel!", wusste Manuel.
„Die Betriebe der Übel-Brüder wurden schon ein
paarmal von den Behörden geschlossen."

„Weil sie einfach zu übel waren!", fuhr Lilly fort.

„Das wusste ich nicht", verteidigte sich Scherge
kleinlaut und ließ endlich die Fliegenklatsche sinken.

„Aber die Zeitungen und das Internet wissen es",
entgegnete Manuel. „Und bald werden sie auch wissen,
was Sie hier anbieten."

„Nämlich minderwertige Qualität", grinste Lilly.

„Das Schlechteste vom Schlechtesten!", sagte Oma Rosi.

„Aber der Bürgermeister ...", verteidigte sich Scherge.

„Der Bürgermeister wird Ihr übles Essen schon verdauen", unterbrach ihn Oma Rosi. „Der hat während seiner Laufbahn schon ganz andere Sachen geschluckt."

Scherge ließ den Kopf sinken und starrte auf den Boden.

„Aber wie geht es denn jetzt weiter? Ich brauche doch einen Job! Professor von Schlotter hat ja im Moment keine Praxis mehr", sagte er leise.

„Lassen Sie mich kurz nachdenken", sagte Oma Rosi und wanderte mit ihrem Blick durch den Imbiss. „Ich mache Ihnen einen Vorschlag. Sie arbeiten hier weiter, aber Sie erfüllen diesmal Ihre Versprechen."

Scherge hob seinen Kopf und sah Oma Rosi fragend an.

„Wir krempeln deinen Imbiss um", sagte Marie. „Das ist doch nicht so schwer zu verstehen. Wir schmeißen dein billiges Futter raus und besorgen uns gute Sachen."

„Aber was wird dann aus meinen Verträgen mit den Übel-Brüdern?", gab Scherge zu bedenken.

„Die kündigen wir", sagte Oma Rosi. „Ich kenne ein paar Biobauern wie Bauer Schulte-Biobeck hier in der Nähe. Die liefern Ihnen beste Qualität aus der Region. Gesunde Lebensmittel."

Scherge blickte sich misstrauisch um.

„Und meine schönen Plakate?", fragte er leise.

„Wir entwerfen Ihnen neue", antwortete Lilly.

„Die drucken wir dann bei meinen Eltern. Die haben einen sehr großen Drucker."

„Aber was wird aus dem Roboter?", fragte er weiter.

„Der wird umprogrammiert", antwortete Micro Minitec.

„Von Currywurst auf Brokkoli. Kein Problem."

„Was sagen Sie dazu, junger Mann?", fragte Oma Rosi energisch. „Entscheiden Sie sich!"

Scherge blickte nacheinander in alle Gesichter. Nur Nano konnte er nicht sehen, weil er ja noch immer in der kleinen Box saß und dort auf seine Vergrößerung wartete.

Wie wird sich Scherge entscheiden? Das erfährst du in Band 6!

Die Reise geht weiter!

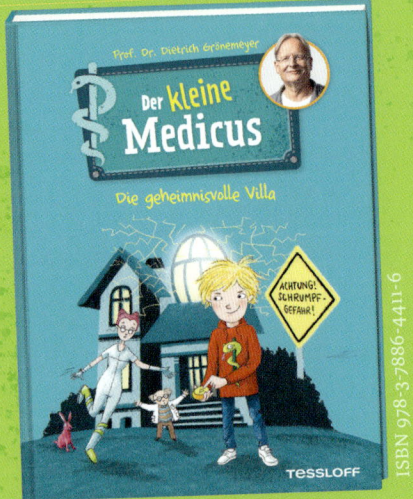

Band 1: Die geheimnisvolle Villa

ISBN 978-3-7886-4411-6

ISBN 978-3-7886-4411-6

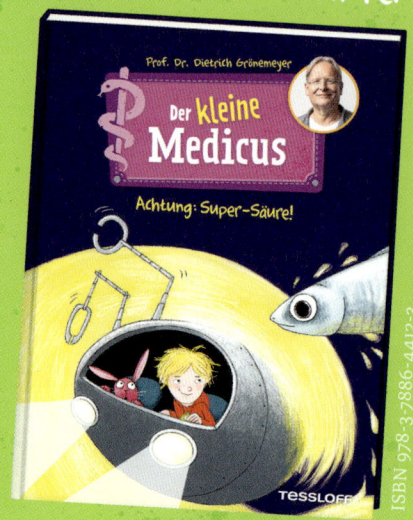

ISBN 978-3-7886-4412-3

Band 3: Von Viren umzingelt

ISBN 978-3-7886-4413-0

Band 4:
Ein gefährlicher Auftrag

ISBN 978-3-7886-4414-7

Band 5: Tatort Burger-Bude

ISBN 978-3-7886-4415-4

Nano darf sich eine Schürfwunde ganz aus der Nähe ansehen. Klein geschrumpft spaziert er zwischen riesigen Haaren über die Haut – bis er plötzlich von gerinnendem Blut eingeschlossen wird. Dann entdeckt Dr. X auch noch eine Zecke. Wenn das mal gut ausgeht …

Band 6:
Angriff der Monster-Zecke

ISBN 978-3-7886-4416-1

Jetzt auch als Hörspiel:

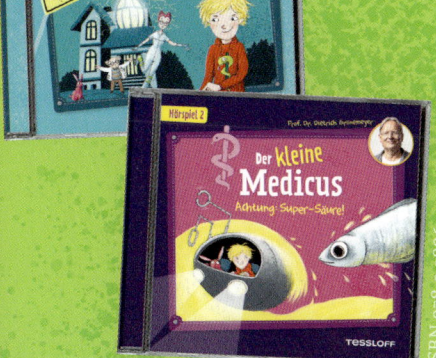

ISBN 978-3-7886-4312-6

Weitere Abenteuer folgen!

Prof. Dr. Dietrich Grönemeyer

Prof. Dr. Dietrich Grönemeyer ist eigentlich Arzt. Er hat aber auch schon viele Bücher geschrieben. Denn er erzählt gerne von all dem, was er über den Körper und die Heilung und Vorbeugung von Krankheiten weiß. Und wenn er mal mit Nano mitfahren könnte? Dann würde er bestimmt trotzdem ordentlich ins Staunen geraten.

© Stefan Nimmesgern – laif

Sabine Rothmund

Sabine Rothmund hat schon als Kind gerne gezeichnet. Eigentlich immer und überall. Am liebsten in Schulhefte. Später hat sie ihre Leidenschaft zum Beruf gemacht und Kommunikationsdesign studiert. Jetzt freut sie sich, den kleinen Medicus zeichnen zu dürfen. Und Kannickel. Weil er genauso lustig hüpft wie ihr eigener Hund.

© Sabine Rothmund